Seres prehistóricos

Dinosaurios: Esqueletos y cráneos

Joanne Mattern

Consultora de lectura: Susan Nations, M.Ed., autora/tutora de alfabetización/consultora

WR WEEKLY READER

EARLY LEARNING LIBRARY

Please visit our web site at: www.earlyliteracy.cc
For a free color catalog describing Weekly Reader® Early Learning Library's
list of high-quality books, call 1-877-445-5824 (USA) or 1-800-387-3178 (Canada).
Weekly Reader® Early Learning Library's fax: (414) 336-0164.

Library of Congress Cataloging-in-Publication Data available upon request from publisher.
Fax (414) 336-0157 for the attention of the Publishing Records Department.

ISBN 0-8368-6017-9 (lib. bdg.)
ISBN 0-8368-6024-1 (softcover)

This edition first published in 2006 by
Weekly Reader® Early Learning Library
A Member of the WRC Media Family of Companies
330 West Olive Street, Suite 100
Milwaukee, WI 53212 USA

Managing editor: Valerie J. Weber
Art direction and design: Tammy West
Translators: Tatiana Acosta and Guillermo Gutiérrez

Illustrations: John Alston, Lisa Alderson, Dougal Dixon, Simon Mendez, Luis Rey

Printed in the United States of America

1 2 3 4 5 6 7 8 9 09 08 07 06 05

Mucho antes de que hubiera humanos, hubo dinosaurios y otros seres prehistóricos.

Esos animales vagaban por el mundo. Sus tamaños y formas eran muy variados. Algunos tenían garras o dientes afilados. Otros tenían espinas, largas colas o alas.

Este libro te presenta esqueletos y cráneos. Busca el rótulo con el nombre de cada animal.

Archelon

El cuerpo de un dinosaurio

Los dinosaurios y otros animales prehistóricos vivieron y murieron hace millones de años. ¿Cómo pueden saber los científicos qué aspecto tenían estos animales? Los científicos estudian los fósiles de sus esqueletos. Estos fósiles les pueden decir muchas cosas.

Los fósiles indican que este dinosaurio caminaba sobre sus fuertes y largas patas traseras. Mantenía rectas sus cortas patas delanteras. Su larga cola facilitaba el equilibrio de este dinosaurio.

Herrerasaurio

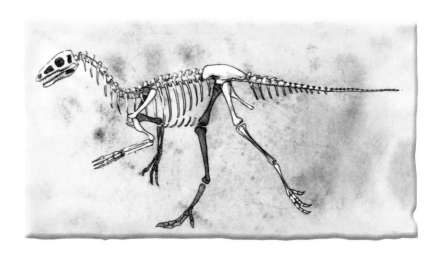

Nqwebasaurus

Piedras en el estómago

Cuando los científicos descubrieron fósiles de este dinosaurio, hallaron también gastrolitos. El dinosaurio se tragaba estas piedras que ayudaban a triturar mejor la comida en el estómago. Comía pequeños mamíferos, lagartos e insectos.

Bambiraptor

¿Como un ave?

Durante años, se pensó que muchos dinosaurios
tenían una estructura similar a la de las aves.
Durante la década de 1990, unos científicos
descubrieron un esqueleto que lo demostraba. Los
huesos de ese animal eran iguales a los de un ave.

Un rápido corredor

Ornitomimo

El esqueleto de este dinosaurio también es parecido al de un ave. Los huesos de sus patas son muy similares a los de un avestruz. Los científicos opinan que las patas de este dinosaurio eran muy ligeras. Eso le permitía correr muy deprisa.

¡No sólo huesos!

La mayoría de los fósiles que se encuentran son sólo huesos. Los científicos se llevaron una buena sorpresa cuando hallaron este fósil en la década de 1990. El fósil mostraba también los **pulmones** y los **intestinos**. Los pulmones permiten que el animal respire. Los intestinos le ayudan a convertir el alimento en energía. El esqueleto demostraba que este animal podía respirar bien mientras corría.

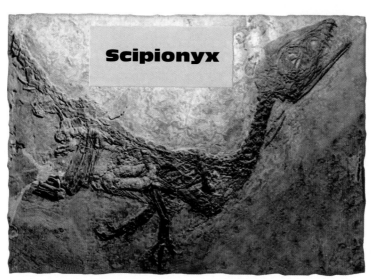

Scipionyx

En el agua

El esqueleto de este animal muestra que su cuerpo estaba hecho para nadar. Su cola era plana. Sus patas le ayudaban a avanzar en el agua. Este animal era un lagarto casi tan largo como un zorro.

Aigialosaurus

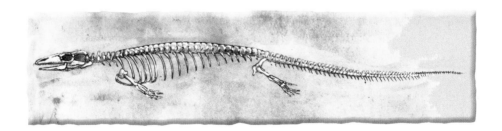

Vida submarina

Este reptil prehistórico nadaba a gran profundidad.
Con sus huesos grandes y pesados, podía sumergirse
para buscar alimento en el fondo marino. Su gran caja
torácica contenía enormes pulmones, por lo que era
capaz de aguantar la respiración durante mucho tiempo.
Sus grandes pulmones le ayudaban también a flotar.

Placodus

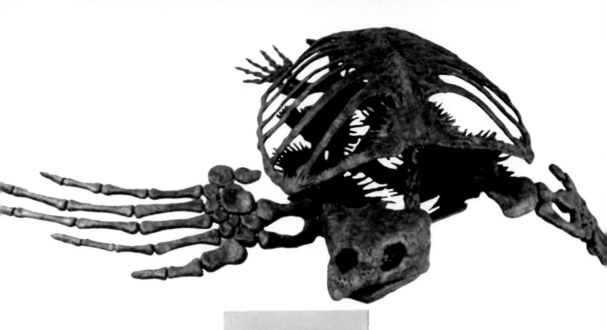

Archelon

Grande y huesudo

Éste es el esqueleto de la mayor tortuga que jamás
existió. ¡Llegaba a superar el tamaño de un bote de
remos! Su caparazón estaba hecho de hueso recubierto
de piel dura. Las mandíbulas de esta tortuga prehistórica
no eran muy fuertes. Lo más probable es que comiera
alimentos blandos, como medusas.

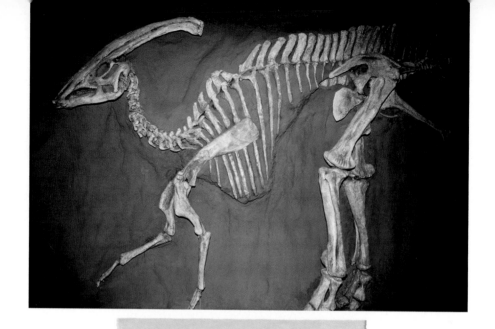

Parasaurolofus

Huesos en la cresta

Algunos dinosaurios tenían largas **crestas** en la parte superior de la cabeza. Las crestas son largos pinchos en la cabeza de un dinosaurio. La mayoría de las crestas eran de huesos huecos. Eran parte del cráneo del animal. Es posible que estos dinosaurios usaran las crestas para llamarse unos a otros.

Carnívoros y herbívoros

El cráneo de un dinosaurio puede indicanos qué comía. El dinosaurio de la izquierda comía plantas. La mayoría de sus dientes son del mismo tamaño. Los bordes de los dientes son irregulares. Las puntas le permitían triturar hojas.

El dinosaurio de la derecha tenía dientes afilados y fuertes. Los dientes acabados en punta le ayudaban a arrancar la carne de los huesos.

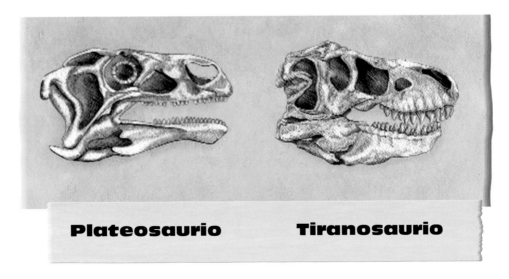

Plateosaurio   **Tiranosaurio**

Cabezones

Había cráneos de muchas formas diferentes. Un grupo de dinosaurios tenía una cabeza alta con huesos gruesos. Este dinosaurio era el más pequeño de esos cabezones. Probablemente no era más grande que un conejo. Sin embargo, ¡es el dinosaurio con el nombre más largo!

Micropaquicefalosaurio

Hypsilofodon

Picos y dientes

Este cráneo muestra que el dinosaurio tenía un
pico semejante al de un ave en la parte delantera
de la cabeza. Con este pico arrancaba las plantas
con las que se alimentaba. Sus dientes tienen
una forma adecuada para triturar y picar. Este
cráneo tiene también agujeros a los lados de las
mandíbulas. Es posible que allí hubiera unas bolsas
en los carrillos para almacenar comida.

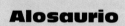
Alosaurio

¡Extra grande!

El cráneo de este dinosaurio era de
un tamaño similar a un lince. ¡Tenía
más de setenta dientes en la boca! Su mandíbula
inferior tenía bisagras. Eran capaces de moverse
lateralmente para que este dinosaurio pudiera
estirar la boca al tragar pedazos grandes de carne.

Enormes mandíbulas

El cráneo de este dinosaurio también tenía unas grandes mandíbulas llenas de dientes afilados. Este animal podía atrapar peces de gran tamaño, calamares y reptiles gigantes en el océano. Las aberturas en la parte superior del cráneo eran pequeñas fosas nasales. Probablemente respiraba por la boca cuando subía a la superficie.

Pliosaurio

Cráneo monstruoso

El cráneo de este dinosaurio se ve enorme en comparación con el cráneo humano que aparece al lado. Su boca estaba llena de poderosos dientes curvados como los de un tiburón. ¡Sus dientes eran tan largos como un cepillo de dientes! ¡Este dinosaurio superaba en tamaño a un tiranosaurio rex!

Carcharodontosaurio

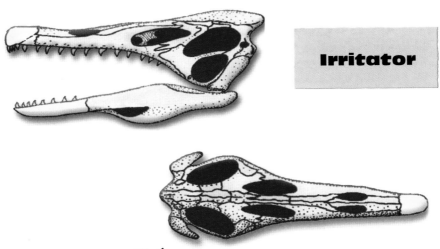

Irritator

¡Te engañé!

Algunos cráneos de dinosaurio no son lo que parecen. En la década de 1990, alguien encontró este gran cráneo y se lo vendió a un museo. Pero los expertos se llevaron una sorpresa. La persona que encontró el cráneo le había añadido trozos de huesos para que pareciera más grande. ¿Puedes deducir del nombre que le pusieron al cráneo cómo se sintieron los expertos del museo?

No era un dinosaurio

No todos los animales prehistóricos eran dinosaurios. Éste tenía pelo, como un mamífero, pero era un reptil. Es posible que usara su enorme cráneo para golpear a otros animales. Este animal vivió antes incluso que los dinosaurios.

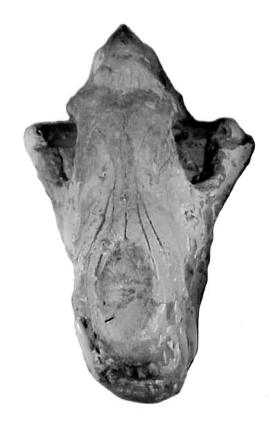

Moschops

Pájaro huesudo

El esqueleto de este reptil volador fue encontrado en rocas calizas. Los científicos podían ver los huesos y las marcas de sus alas. Como todos los fósiles, el cráneo y el esqueleto de este dinosaurio ayudaron a los científicos a determinar cómo era la vida hace millones de años.

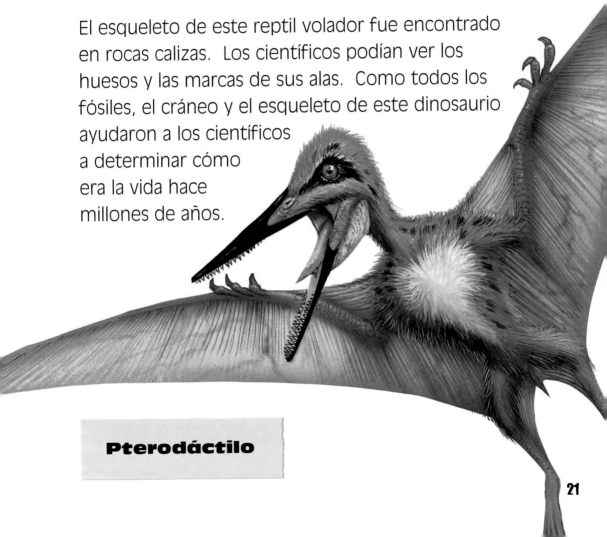

Pterodáctilo

21

Glosario

bisagra — junturas que se mueven

caliza — roca formada por restos de conchas

cráneo — huesos de la cabeza que protegen el cerebro

equilibrio — estabilidad

esqueleto — conjunto de huesos que soportan y protegen el cuerpo

fosas nasales — aberturas en el cráneo que permiten olfatear y son parte del sentido del gusto

fósiles — restos de un animal o planta que vivió hace millones de años

mamífero — animal de sangre caliente con espina dorsal

prehistórico — que vivió en la época anterior a la historia escrita

pulmones — órganos que se encuentran dentro del pecho y que permiten respirar

reptil — animal de sangre fría cuya piel está cubierta de escamas o de placas óseas que sirven como armadura

Más información

Más libros para leer

Dinosaurios pico de pato. Conoce a los dinosaurios
(serie). Don Lessem (Lerner Publications)

El autobús mágico en tiempos de los dinosaurios.
Joanna Cole (Scholastic)

Escenas de la prehistoria. Busca que te busca (serie).
Jane Bingham (Usborne)

Herbívoros gigantes. Conoce a los dinosaurios (serie).
Don Lessem (Lerner Publications)

Los dinosaurios. Mi Pequeña Enciclopedia (serie).
Edited by Editors of Larousse (México) (Larousse México)

Un dinosaurio llamado Sue: El hallazgo del siglo.
Fay Robinson (Scholastic en Español)

Índice

Información sobre la autora

Joanne Mattern ha escrito más de 130 libros para niños. Sus temas favoritos son los animales, la historia, los deportes y las biografías. Joanne vive en el estado de Nueva York con su esposo, sus tres hijas pequeñas y tres gatos juguetones.